L'Alí Babà i els quaranta lladres

un conte oriental

amb il·lustracions de Germano Ovani

edicions 62

Hi havia una vegada

ELS NOSTRES CONTES IL·LUSTRATS

12. L'Alí Babà i els quaranta lladres

Peu de la Creu, 4. 08001 Barcelona
correu@grup62.com
www.grup62.com

Il·lustracions: Germano Ovani
Traducció: Roser Berdagué
Fotomecànica: Víctor Igual, SL
Impressió: I. Gráficas Mármol, SL
Dipòsit legal: B-32.994-2005
ISBN: 84-297-5696-5

dos gernams, Càssim i Alí Babà, que vivien

en una llunyana ciutat de Pèrsia. El primer s'havia casat amb una dona molt rica i havia esdevingut el comerciant més pròsper de la ciutat. En canvi, Alí Babà s'havia casat amb una dona pobra com ell i la seva vida era molt modesta. Per mantenir la seva família anava cada dia al bosc a fer llenya.

I vet aquí que és al bosc on comença la nostra història.
Aquell dia, com tants d'altres, Alí Babà havia carregat les seves tres mules amb feixos de llenya i es disposava a tornar a la ciutat quan va veure al lluny una gran polseguera acompanyada d'una forta remor de peülles. Esperonat per la curiositat, va amagar les mules darrere d'unes mates i es va enfilar dalt d'un arbre per tal de veure sense ser vist. La polseguera no va trigar gaire a acostar-se ni Alí a descobrir tota una colla de genets. Els va comptar: eren quaranta. Alí Babà va sospitar de seguida que aquella tropa no anunciava res de bo. I de fet, quan els va tenir més a prop va donar gràcies al cel d'haver-se amagat, ja que va veure que es tractava d'una banda de galifardeus armats fins a les dents.

Els bandolers van descavalcar i van fermar els cavalls als arbres, després van agafar les alforges plenes i pesades i se les van carregar a l'espatlla.
—Poseu-vos en fila darrere meu i seguiu-me —va ordenar-los un que, si s'havia de jutjar pel seu aspecte ferotge, devia ser el capità.
I parant-se després davant d'una gran roca mig amagada per uns matolls, va cridar:
—Obre't, Sèsam!
La gran llosa de pedra va girar sobre si mateixa, es va obrir i va deixar al descobert una immensa obertura. Els trenta-nou homes van desaparèixer a l'interior de la cova darrere del seu capità.
I seguidament la roca va tornar a girar sobre ella mateixa i es va tancar de nou.
—I ara què faig? —es preguntà Alí Babà a dalt de l'arbre—.
Si baixo, els bandolers poden sortir tot d'una, atrapar-me i fins i tot matar-me. Més val tenir paciència, pregar a Al·là i esperar.
I això va fer.

El bon home tenia raó. Al cap d'un moment van sortir els quaranta bandits amb les alforges buides. Alí va sentir que el capità deia:

—Tanca't, Sèsam!

I va veure que la cova se'ls tancava al darrere. Els bandolers van muntar a la sella dels cavalls i es van escapar al galop.

—Més val que, si m'estimo en alguna cosa la meva pell, m'esperi fins que hagin desaparegut a l'horitzó —va dir-se Alí.

Va quedar-se, doncs, una estoneta més i, tan bon punt va estar segur que eren lluny, va baixar de l'arbre i, parant-se davant de la roca, va dir aquella frase que havia sentit al capità dels bandolers:

—Obre't, Sèsam!

La llosa es va obrir al moment i Alí va poder entrar a la cova: una gruta enorme que resplendia de llum.

Mig mort de por, va sentir que, en fer unes passes, la roca es tornava a tancar al seu darrere. Per un moment va sentir pànic, però va fer el cor fort i va seguir endavant. La cova se li mostrà amb tota la seva esplendor: baguls plens de monedes d'or, collarets, sedes i teixits preuats, catifes, joies i pedres precioses.
—Beneït sigui el nom d'Al·là —digué Alí—. Si un pobre llenyataire com jo ha entrat en aquest lloc secret i ha descobert tan immenses riqueses ha estat per la seva voluntat.
I com que se sentia en pau amb la seva consciència, va començar a omplir de monedes i joies el sac que duia, va sortir de la cova, va buidar tots els sacs ja plens de llenya i va tornar-se a ficar a dins per omplir-los de riqueses. Després de molts «Obre't, Sèsam!» i «Tanca't, Sèsam!», ja era prop del capvespre que tenia tots els sacs a vessar de tresors carregats a la gropa dels ases.

Tot content, Alí Babà va fer camí cap a la ciutat i se'n va anar de dret al pati de casa seva per descarregar els sacs sense ser observat per mirades indiscretes.

—Oh, beneït sigui Al·là! Ja començava a estar amoïnada —exclamà la seva dona anant-lo a rebre.

Però tan bon punt va veure el contingut dels sacs, va cridar:

—Què has fet? A qui has pres tot això, desgraciat?

—Calla, dona, i no cridis —va xiuxiuejar Alí—. Que vols que tots els veïns sàpiguen què passa a casa nostra i malparlin de nosaltres? Si tinc tot això és perquè Al·là ho vol.

I va explicar fil per randa a la dona el que havia passat. En acabar, va afegir:

—O sigui que lloa Déu en silenci i ajuda'm a enterrar els sacs. No fos cas que despertessin l'enveja i la cobdícia dels veïns.

—Faré el que em dius —digué la dona—, però deixa'm que, abans d'enterrar-los, ho pesi per poder saber quin és el valor de la nostra fortuna. Torno de seguida.

La dona va anar a casa de Càssim i va demanar a la seva cunyada un atuell per mesurar el blat. Aquesta va rumiar: «Com pot ser que la dona d'Alí em demani això? Què deu voler mesurar si estan en la més negra misèria? No em deu voler amagar alguna cosa?». I, abans de donar-lo a la cunyada, va empastifar-ne el fons amb una capa de greix. La parenta li va donar les gràcies, va tornar a casa seva i es va posar a mesurar monedes. I en acabar, va retornar-lo a la cunyada. Per desgràcia, però, no s'havia adonat que, al fons del pot, s'hi havia quedat enganxada una moneda. «Vet aquí el que volia amagar! Sí, sí, pobres... Aquest parell són rics i neden en or!», va pensar la cunyada. I, rosegada per l'enveja, va anar-ho a explicar tot al marit, el germà d'Alí.

—El teu germà t'amaga la seva riquesa. Vés a casa seva i esbrina com s'ha fet ric —li va aconsellar la dona.

De primer, Càssim no va fer cas de les paraules de la seva dona, però quan va veure la moneda d'or amb els propis ulls es va quedar blanc d'enveja.

—Que n'és, de fals i mentider! —digué cridant.

Càssim estava molt neguitós i es va passar tota la nit regirant-se al llit. L'endemà va decidir que aniria a veure el seu germà.

—Per què no m'havies parlat mai de les teves riqueses?

—Però, què dius? I què vols de mi, tu que fins ara no havies trepitjat mai el terra de casa meva ni t'havies interessat per mi ni per la meva família? —va dir-li Alí.

—La veritat és que enganyes la gent fent veure que ets pobre, i aquí en tens la prova —replicà Càssim tot ensenyant-li l'atuell amb la moneda enganxada.

Alí Babà va comprendre que no servia de res fingir. Li va explicar, per tant, tot el que li havia passat al bosc i va acabar dient:

—Com que ets sang de la meva sang, tindràs la meitat de les meves riqueses.

—Ni ho somiïs! —exclamà, enfurismat, Càssim—. Per què m'he d'acontentar amb la meitat de les teves riqueses? Explica'm ben bé on he d'anar i quines són les paraules màgiques que obren la gruta dels quaranta lladres.

I Alí va haver d'explicar-li-ho tot fil per randa. L'endemà, Càssim va anar al bosc amb deu mules carregades de caixes i sacs buits. I havent trobat el lloc que li havia indicat Alí, pronuncià les paraules:

—Obre't, Sèsam!

I precipitant-se dins de la cova, amb ulls lluents de cobdícia, es va llançar de cap als baguls plens de monedes i va fer tombarelles damunt les sedes i les catifes.

—Oh, que gran que és Al·là! Encara hi ha més del que havia imaginat —va exclamar—. Per transportar aquest tresor cal tota una caravana de camells. Això vol dir que hauré de tornar. De moment, surto a buscar les caixes.

Pobre Càssim! L'avarícia li havia pujat al cap i, quan era davant l'entrada de la cova i es disposava a sortir, va descobrir que havia oblidat la frase màgica que l'obria. Ho provava una i altra vegada però, com més esforços feia, més s'embolicava amb les paraules:

—Obre't, Pètal!... Obre't, Cèmbal!... Obre't, Dèdal!...

Tot d'una va sentir remor de cavalls al galop. Eren els bandolers que venien a amagar més tresors. Van descobrir al moment els deu rucs lligats als arbres i, desconfiats, van entrar a la cova cridant.

—Qui ha gosat entrar en el nostre amagatall? El matarem!

Càssim va mirar de d'esmunyir-se, però no va poder escapar a la ira assassina dels quaranta lladregots. Va mirar de fugir corrents, però ells van aturar-lo. Ni va tenir temps d'encomanar l'ànima a Al·là, perquè el van traspassar amb els sabres i el van fer bocins.

El capità dels lladres es va penedir d'haver matat aquell home sense descobrir abans qui era ni com s'ho havia fet per entrar a la cova. Per evitar nous robatoris, els bandolers van escampar els trossos del cos de Càssim al davant de la gruta perquè tots aquells que els veiessin es quedessin tan astorats que fugissin a l'instant.

El sol ja era a la posta i la dona de Càssim, veient que el marit no tornava, estava molt angoixada. Gairebé era de nit quan, plorosa, es va decidir a trucar a la porta del seu cunyat.

—Alí, no sé pas què fer —li digué—. Càssim ha sortit de bon matí amb les mules i encara no ha tornat. Temo que li hagi passat alguna cosa.

Alí la va tranquil·litzar, va deixar-la en mans de la seva dona i li va dir:

—No t'amoïnis que demà, a la matinada, l'aniré a buscar.

L'endemà, Alí Babà va carregar una mula i se'n va anar directament a la gruta. L'esglai que va tenir fou gran quan, davant el mur de pedra, va veure els trossos de carn en què s'havia convertit el cos del seu germà.

Amb gran tremolor de cames, va agafar un sac buit i el va omplir amb les restes del germà mort. Seguidament pronuncià la fórmula màgica i entrà a la cova, on va omplir dos sacs més d'or i pedres precioses. Els carregà al ruc, els dissimulà sota feixos de branques i va tornar a casa. Tan bon punt va entrar al pati, cridà la seva fidel esclava Morxana.

—Morxana, he de confiar-te una missió molt delicada. Han matat el meu germà, però cal que ningú no ho sàpiga —li va dir—. Haurem de fer veure que s'ha mort de malaltia.

I com que es refiava cegament d'aquella noia, li va parlar de la cova i dels bandolers.

Morxana era una xicota llesta i lleial i s'hi podia comptar. Havia estat criada per Alí Babà i la seva dona i era per a ells com una filla. Mentre Alí anava a casa de la seva cunyada per donar-li la trista notícia de la mort del seu marit, Morxana va córrer a ca l'apotecari a comprar medicines i li va dir que eren per al germà de l'amo.

—Pobret, temem que hagi arreplegat un mal dolent —li va explicar.

El farmacèutic no solament li va donar els medicaments, sinó que va escampar entre la gent la notícia que Càssim tenia els dies comptats. Al cap de dos dies se'n va anunciar la mort.

—Encara s'ha de fer una altra cosa —digué Alí a Morxana—. Com ja has vist, han fet trossos el cos del meu germà i s'ha de trobar la manera de cosir-los per quan vingui gent a vetllar-lo.

La noia no es va fer enrere. Amb una bosseta plena de monedes d'or, va anar a casa d'un vell sabater que coneixia.

—Cal que m'acompanyis —li digué Morxana—. Aquest or serà per a tu si no em fas cap pregunta i em segueixes amb els ulls tapats.
El vell la va seguir fins a casa d'Alí i, sense dir ni mu, va cosir el cos de Càssim. Tan bon punt va haver acabat, Morxana el va tornar a conduir fins al seu taller amb els ulls tapats amb una bena. D'aquesta manera van poder vestir el cos de Càssim segons s'estilava i es va poder celebrar l'enterrament.
Semblava que tot havia tornat a la normalitat, però van passar uns quants dies i els quaranta lladres, en tornar a la gruta, van descobrir que havien desaparegut els trossos del cos de l'home que havien matat i que algú s'havia endut part de l'or que hi tenien amagat.
—Aquell que se'ls ha emportat sap el nostre secret i, si no el trobem, ens prendrà el tresor —digué el capità dels lladres.

Un dels bandits es va oferir a anar a la ciutat a resoldre el misteri. Disfressat de mercader, va anar al poble, va fer unes quantes preguntes i finalment va trobar el sabater, que li va explicar que l'havien dut amb els ulls embenats a una casa i que havia cosit un home mort.

El fals mercader oferí al vell una bosseta de monedes i li va demanar que, a canvi, el conduís a aquella casa.

—No em serà gens difícil —va fer el vell—. Conec tan bé aquesta ciutat que em sé els carrers fins i tot amb els ulls tapats.

En arribar a la porta de la casa d'Alí Babà, l'home digué:

—Sens dubte és aquí. He comptat les passes i sé que no en vaig fer més.

El bandoler va marcar la porta amb un senyal de guix blanc i va acompanyar el vell al seu talleret. Però Morxana, que era astuta, en veure el senyal a la porta quan va sortir de casa, va malfiar-se i va marcar totes les altres portes amb un senyal de guix idèntic.

Quan els bandits van arribar a la ciutat al capvespre i van trobar totes les portes marcades amb guix blanc, van agafar una enrabiada. L'endemà un altre bandoler es va fer conduir pel sabater davant de la casa i la va marcar amb una creu vermella. Morxana va fer el mateix i va senyalar les portes veïnes amb una creu vermella. Els bandits van tornar a trobar totes les portes marcades.

—Aquesta vegada, en comptes de marcar la porta, me la gravaré a la memòria —anuncià el capità dels lladres—. Entrarem a la casa i matarem tots els que hi viuen.

L'endemà es va disfressar de mercader i, agafant quaranta gerres, les van carregar a les mules. Només una estava plena d'oli; dins de cadascuna de les altres trenta-nou s'amagava un lladre armat.

—Estigueu a punt —els digué—, perquè en arribar la nit i quan jo us ho indiqui, sortireu de les gerres i matareu els habitants de la casa.

Així disfressat i al cap davant de la caravana, el capità dels lladres va arribar davant de la casa d'Alí Babà. El bandoler va descavalcar i va picar a la porta. La va obrir Alí Babà en persona.

—En nom d'Al·là, bon home, us demano hospitalitat per a mi i les meves mules —li va dir el fals mercader—. Els hostals ja són tancats i no sé on podria trobar lloc per fer descansar els animals. M'han dit que vós sou un bon musulmà.

—En nom d'Al·là, serà per a mi un honor tenir-vos com a hoste —li digué l'amo—. Faré instal·lar les vostres mules al pati. I vós podeu entrar, menjar de gust i fer el que faríeu a casa vostra.

Mentre Alí Babà i el seu convidat feien un bon tiberi, Morxana preparava les llànties per a la nit. Però se li va acabar l'oli.

«El convidat de l'amo és marxant d'oli. Aniré al pati i n'agafaré una mica d'una gerra», va pensar Morxana. Però quan es va acostar a una gerra i va voler obrir-la, va sentir una veu que sortia de dins que li deia:

—Ja és l'hora, capità?

A Morxana no se li va escapar ni un crit i va pensar fredament. I com que en acostar-se a les altres trenta-nou gerres va sentir la mateixa pregunta: «Ja és l'hora, capità?», i sabia de l'existència d'aquells bandits i havia vist aquells senyals a la porta, va deduir que devia tractar-se d'aquells malandrins, que havien vingut per venjar-se. Sense perdre la calma, va respondre:

—Encara no, espereu!

I quan va trobar l'única gerra on hi havia oli, la va buidar en una gran caldera i va fer bullir l'oli. Després va buidar una cassola d'oli bullent a cada gerra i les va tancar totes ben tancades. Un darrere l'altre, els trenta-nou lladres van tenir una terrible fi.

Morxana, molt contenta, va ficar-se a casa i, amb l'oli que li havia quedat, omplí les llànties. Després es va vestir amb les millors robes i entrà a la sala on Alí Babà parlava amb el convidat.

—Morxana, vine i dansa per a nosaltres —li demanà l'amo, i afegí, dirigint-se al fals mercader—: Aquesta és la bella Morxana, la meva fidel esclava. I dansarà per a vós, amable convidat.

I, picant de mans, va ordenar l'inici de la dansa. La noia va giravoltar amb lleugeresa tot fent moviments de primer lents i després cada vegada més ràpids. Sense parar de donar voltes sobre si mateixa, es va acostar al convidat, i tot d'una, acotant-se damunt d'ell, es va treure un punyal del cinturó i, amb gest fulminant, l'hi va clavar al pit. El fals mercader va desplomar-se, mort, a terra.

—Desgraciada, què has fet? —cridà Alí Babà—. Com has gosat alçar la mà contra el meu convidat?

—Amo i senyor, aquest home era el capità dels lladres. He salvat la vostra vida i la de la vostra família —va dir Morxana.

La noia va acompanyar Alí Babà al pati i li va mostrar les gerres, les obrí i li ensenyà els trenta-nou lladres morts que hi havia a dins.

—Que Al·là et beneeixi, Morxana, valenta filla meva! Vull premiar la teva fidelitat, i no solament et dono la llibertat, sinó que et prego que prenguis el meu fill per marit.

I fou així que Morxana es va casar amb el fill d'Alí Babà i va entrar a la família.

Va passar un any i Alí va tornar al bosc amb el fill i es va endur tot el tresor dels bandolers. Des d'aleshores va tenir una vida pròspera, fou generós amb els veïns i esplèndid amb els necessitats.

I no va revelar mai a ningú el secret de la cova dels quaranta lladres.

Tanca't, Sèsam!